Att

l'amou

jour apr

J'accepte les autres comme ils sont

De la même manière que je n'aimerais pas que l'on essaie de me changer, je n'essaie pas de changer l'autre en quelqu'un qu'il n'est pas. Je l'accepte tel qu'il est, avec ses qualités et défauts.

Attirer l'amour à soi

jour après jour...

Je choisis le partenaire qui me convient le mieux

À quoi bon choisir un·e partenaire qui ne me convient pas, pour ensuite essayer de le·la changer pour qu'il·elle corresponde à ce que j'attends ? C'est une perte de temps et d'énergie qui apporte de la frustration. À partir d'aujourd'hui, je choisis avec conscience les partenaires qui me conviennent le mieux.

Attirer l'amour à soi

jour après jour…

J'exprime mes intentions et mes besoins dès le début de la relation

Le meilleur moyen de perdre du temps dans une relation, c'est de cacher ce que l'on cherche. En agissant ainsi, on perd du temps avec les mauvaises personnes, celles qui ne nous correspondent pas. Il convient donc d'exprimer clairement ce que nous attendons d'une relation dès le début de celle-ci.

Attirer l'amour à soi

jour après jour...

Je me libère du passé

Lorsque je pense à une relation passée dans laquelle j'ai souffert, j'alimente le négatif en moi. Je ne peux pas refaire le passé, mais je peux m'en libérer. Aujourd'hui, je prends la décision de me libérer du passé et j'avance avec sérénité.

Attirer
l'amour à soi
jour après jour...

Aujourd'hui, je débute une nouvelle étape de ma vie

Ma vie peut être représentée comme un livre dans lequel tout ce que j'ai vécu est écrit. Je peux le visualiser, le feuilleter et en choisir des extraits à ma guise. Je peux aussi décider de tourner une page afin d'arriver sur une page blanche, vierge de toute écriture sur laquelle je décide d'écrire une nouvelle étape de ma vie.

Attirer l'amour à soi

jour après jour...

Je fais du ménage dans mes relations

Si certaines personnes me font perdre de l'énergie et ont une influence négative sur moi, je décide d'arrêter de les côtoyer. Cette décision vise à me protéger et je l'assume totalement. Ainsi, je libère mon temps et mon énergie pour m'ouvrir à des relations positives.

Attirer l'amour à soi

jour après jour...

Je prends mon temps au début d'une relation

Lorsque je rencontre quelqu'un, je prends le temps de le connaître. Je garde à l'esprit que nous sommes des inconnus l'un pour l'autre. Il faut du temps pour apprendre à nous connaître et à nous apprécier. J'en prends conscience et je construis notre relation avec sérénité.

Attirer
l'amour à soi
jour après jour...

Je ne me focalise pas sur les belles paroles

Qu'il est facile de se laisser bercer par les belles paroles et promesses de quelqu'un ! Je prends du recul et je prends mon temps. J'évalue ses intentions, non pas à ses mots doux, mais à son comportement.

Attirer l'amour à soi

jour après jour...

Je distingue ce qui est réellement important de ce qui ne l'est pas

Si je souhaite quelque chose que l'autre ne souhaite pas me donner, je ne force pas sa décision. Je me demande si ce que je souhaite est réellement important et indispensable. J'écoute aussi les besoins de l'autre, car les miens ne doivent pas écraser les siens. Ils doivent se compléter.

Attirer l'amour à soi

jour après jour...

Je prends conscience que je n'ai rien à perdre

Lorsque je rencontre une nouvelle personne qui m'intéresse, je suis amené·e à stresser et à perdre mes moyens. Pourtant, je n'ai rien à perdre : je garde à l'esprit que c'est au contraire cette personne qui pourrait me perdre.

Attirer l'amour à soi

jour après jour…

Je m'exprime avec sincérité et authenticité

Si j'ai besoin d'exprimer quelque chose qui me tient à cœur, je ne tourne pas autour du pot en évitant le sujet. Je vais droit au but afin qu'il n'y ait aucun malentendu. Et je l'exprime avec bienveillance.

Attirer l'amour à soi

jour après jour...

Je définis et je suis mes valeurs

Quelles sont mes valeurs fondamentales ? Est-ce que mon comportement et mes décisions sont cohérents avec ces valeurs ? Aujourd'hui, je me pose un instant pour répondre à ces questions. Les réponses me permettront de guider ma vie et de faire de meilleurs choix.

Attirer l'amour à soi

jour après jour…

Je recherche toujours un équilibre dans ma vie

Nous disposons de plusieurs piliers dans notre vie : famille, couple, vie sociale, épanouissement personnel et vie professionnelle. Si je fais reposer mon bonheur sur un seul pilier et qu'il s'effondre, tout s'effondre. Aujourd'hui, j'identifie et je développe les piliers que j'ai négligés.

Attirer l'amour à soi

jour après jour...

Aujourd'hui, j'essaie de comprendre sans juger

Lorsque quelqu'un ne se comporte pas comme nous le souhaiterions, nous le jugeons ou nous le critiquons. Et si nous essayions plutôt de comprendre pourquoi il agit ou réagit ainsi ? Et si je lui posais des questions bienveillantes et sans jugement ? Il ressentirait mon intérêt, s'ouvrirait un peu plus, et je comprendrais alors la source de son comportement.

Attirer l'amour à soi

jour après jour...

Je définis la relation que je souhaite vivre

Si je ne cerne pas le type de relation et de partenaire que je recherche, j'aurais des partenaires qui ne me correspondent pas dans des relations qui ne me conviennent pas.
Pour cette raison, je définis ce que je souhaite, ainsi que ce que je voudrais éviter.

Attirer l'amour à soi

jour après jour…

Un couple, c'est une équipe !

Tout être humain a ses propres envies et besoins. Dans un couple, ces besoins peuvent s'entrechoquer et poser des problèmes. Pour réussir mon couple, il convient donc de ne pas écraser l'autre avec mes besoins, mais plutôt de les faire cohabiter avec les siens.

Attirer l'amour à soi

jour après jour...

Je séduis naturellement

Je n'ai pas besoin d'artifices pour séduire
un nouveau partenaire.
Je souris, je m'intéresse à lui·elle,
et je reste moi-même.

Attirer l'amour à soi

jour après jour…

Je prends conscience de ma responsabilité dans mes relations

Une relation est composée de deux individualités qui ont chacune des responsabilités et qui inffluencent la relation. Je prends conscience que j'ai une responsabilité dans la réussite de ma relation. Mais je prends aussi conscience que celle-ci est limitée à 50 %.

Attirer l'amour à soi

jour après jour...

Je fais preuve d'empathie dans mes relations

De la même manière que j'aimerais que l'on soit attentif à ce que je ressens, je suis attentif·ve à ce que ressentent les personnes autour de moi. Cela me permet de mieux les comprendre et de réagir de la manière la plus adaptée.

Attirer l'amour à soi

jour après jour…

Je me compare aux autres seulement pour m'inspirer

Le fait de me comparer aux autres est source de souffrance, car je trouverai toujours des personnes plus belles, plus intéressantes, plus talentueuses que moi. Au lieu de me rabaisser en me comparant, j'analyse les qualités dont elles font preuve, et je m'inspire d'elles afin de m'améliorer.

Attirer l’amour à soi

jour après jour…

J'accepte les propositions de sorties de mes ami·e·s

Parfois, mes ami·e·s me proposent une sortie qui ne m'intéresse pas et je décline la proposition. Pourtant, chaque sortie est une opportunité de faire de nouvelles rencontres. Même lorsque je n'ai pas d'énergie, j'accepte donc autant que possible les propositions de mes ami·e·s.

Attirer l’amour à soi

jour après jour...

J'apprends à reconnaître l'amour

Il est aisé de confondre amour et passion amoureuse. La passion amoureuse peut naître en un instant par l'attrait physique, alors que l'amour nécessite du temps et la connaissance réelle de l'autre. Je ne peux donc pas aimer réellement et sincèrement quelqu'un que je connais peu. Aujourd'hui, j'apprends à reconnaître l'amour pour vivre mes histoires en pleine conscience.

Attirer l'amour à soi

jour après jour...

Je résiste à la pression sociale et familiale

Parfois, mes proches souhaiteraient décider à ma place de ce qui est bon pour moi. De peur d'être rejeté·e, j'ai tendance à laisser leurs choix étouffer les miens. Si c'est le cas, j'identifie mes besoins personnels, puis je les affirme avec sincérité et bienveillance. Je prends ainsi ma place et je prends pleinement le contrôle de ma vie.

Attirer l'amour à soi

jour après jour...

J'identifie mes erreurs répétitives pour mieux m'en débarrasser

Suis-je attiré·e systématiquement par des personnes qui ne me conviennent pas ? Est-ce que je répète régulièrement les mêmes erreurs dans ma vie amoureuse ? Je me pose un instant pour identifier ces erreurs et schémas répétitifs. Puis, je décide d'apporter plus de conscience dans mes choix afin de mettre un terme à ces erreurs répétées.

Attirer l'amour à soi

jour après jour...

J'accepte de ne pas réussir à plaire à tout le monde

Certaines personnes m'attirent et d'autres pas du tout.
De la même manière, je peux très bien plaire
à quelqu'un et déplaire à un autre.
Je l'accepte, car cela n'a rien à voir avec moi.

Attirer l'amour à soi

jour après jour...

J'exprime mes besoins pour mieux les assouvir

Si je souhaite que mes besoins soient comblés, je dois les exprimer avec clarté et simplicité, car personne ne peut deviner ce que je pense et ce dont j'ai besoin.

Attirer
l'amour à soi
jour après jour...

Aujourd'hui, j'exprime ce qui me pèse intérieurement

Si je garde en moi trop longtemps des pensées qui me font souffrir, elles s'exprimeront par la colère ou *via* mon corps sous la forme de douleurs. Même si cela peut me paraître difficile, j'exprime ce que je ressens, de manière sincère et bienveillante, afin de ne pas garder en moi ce qui me fait souffrir.

Attirer l'amour à soi

jour après jour...

Je fais chaque jour des efforts dans mes relations

Une relation n'est jamais acquise, ni en amitié, ni en amour. Pourtant, nous nous reposons souvent sur ce que nous prenons pour acquis. Je prends conscience que je peux rapidement perdre une relation et je fais des efforts pour la préserver et la renforcer.

Attirer l'amour à soi

jour après jour...

Aujourd'hui, je me fais plaisir

Lorsque l'on investit toute son énergie dans son travail
ou pour sa famille, on en oublie ses besoins, on ne pense pas à soi.
Aujourd'hui, je décide de penser à moi.
Que puis-je faire pour moi, pour mon plaisir personnel ?

Attirer
l'amour à soi
jour après jour...

ISBN : 978-2-84933-595-6

www.editions-tredaniel.com
info@guytredaniel.fr
www.facebook.com/editions.tredaniel

Attirer l'amour à soi

jour après jour...

Je persiste seulement si cela en vaut la peine

Si je sens que je perds mon énergie dans une relation qui me fait souffrir, je me pose et je prends du recul pour décider de ce qui est le mieux pour moi. Je pèse les avantages et les inconvénients et je prends la meilleure décision.

Attirer
l'amour à soi
jour après jour...

J'écoute avec attention les conseils de mes proches

Si mes proches me donnent des conseils, je les écoute avec attention et humilité. Je peux ne pas en tenir compte, mais il convient dans un premier temps d'écouter et de juger de leur pertinence. Seulement ensuite, je peux procéder à mes choix personnels en pleine conscience.

Attirer l'amour à soi

jour après jour...

Je fais preuve de gratitude

Nous avons l'habitude de remercier les personnes qui nous rendent service ou nous font des cadeaux. Mais nous le faisons souvent sans conviction. Aujourd'hui, je prends conscience de ces petits et grands services qui me font du bien et qui me lient aux autres. Je remercie autrui avec sincérité, profondeur et conviction, en le·la regardant dans les yeux.

Attirer l'amour à soi

jour après jour...

Aujourd'hui, je développe ma curiosité

La curiosité est un joli défaut quand elle permet d'apprendre et de s'améliorer. Aujourd'hui, je m'intéresse aux autres, à leur vie et à leurs passions. Je pose des questions et j'apprends à être curieux·se.

Attirer l'amour à soi

jour après jour...

Je prends conscience de ce que j'ai

Si j'ai tendance à me focaliser sur ce qui me manque dans la vie, je dois aussi prendre conscience que j'ai certaines choses que d'autres n'ont pas. Chaque jour, je garde à l'esprit que j'ai de la chance.

Attirer l’amour à soi

jour après jour...

Je m'affranchis du regard d'autrui

Je ne peux pas vivre pleinement si j'ai peur du regard des autres. Je n'ai d'ailleurs pas besoin d'une approbation externe sur ce que je fais de ma vie, car ce ne sont pas les autres qui la vivent, mais moi-même. Je décide donc d'assumer mes choix de vie, sans aucune peur, dans la joie et l'envie.

Attirer l'amour à soi

jour après jour...

Je prends conscience de ma valeur

Ma valeur ne dépend pas de ce que pensent les autres.
J'ai autant de valeur que quiconque
et j'en prends conscience aujourd'hui.

Attirer l'amour à soi

jour après jour…

Je ne suis plus un·e enfant

Lorsque j'étais enfant, on me dictait ce que je devais faire et comment je devais agir. Aujourd'hui, je suis adulte et je peux réfléchir et décider en toute autonomie. Je prends conscience du contrôle que j'ai sur ma vie et je me comporte en adulte.

Attirer l'amour à soi

jour après jour...

Aujourd'hui, je commence à réaliser mes rêves

Je ne sais pas de quoi demain sera fait, alors pourquoi attendre pour réaliser mes rêves ? Je choisis un rêve qui me tient à cœur et je commence à le réaliser, dès aujourd'hui.

Attirer l'amour à soi

jour après jour...

Je prends conscience de mon potentiel

Nous avons tous des ressources en nous que nous sous-évaluons. Le seul moyen de savoir de quoi l'on est capable est de se lancer et d'agir. Que puis-je faire aujourd'hui pour prendre conscience de mon potentiel ?

Attirer l'amour à soi

jour après jour...

J'apprends à mieux connaître mon entourage proche

Parfois, on ne connaît pas profondément certaines personnes qui nous sont proches. Nos discussions sont légères, mais peu profondes. Aujourd'hui, je décide de m'intéresser à ces proches et à leur poser des questions pour mieux les connaître.

Attirer l'amour à soi

jour après jour...

Je n'agis jamais sous la contrainte

Dans notre vie amoureuse, faire quelque chose sous la contrainte apporte de la frustration et des regrets. Pour cette raison, je ne fais que ce que je souhaite réellement faire, c'est-à-dire soit par plaisir soit par envie.

Attirer l'amour à soi

jour après jour...

J'apprends et je m'améliore à travers mes ruptures

Une rupture n'est pas un échec, c'est une expérience qui nous permet de nous améliorer. Que puis-je retirer de mes précédentes ruptures ? Comment puis-je m'améliorer pour réussir ma prochaine histoire ?

Attirer l'amour à soi

jour après jour…

Aujourd'hui, je suis fier·ère de moi

Nous avons parfois tendance à ne voir que nos erreurs, nos échecs, et nous ne voyons pas toutes nos réussites, petites ou grandes. Aujourd'hui, je remarque tout ce que j'ai réussi et dont je peux être fier·ère.

Attirer l'amour à soi

jour après jour...

J'apprends à aimer mon corps comme il est

Mon corps n'est peut-être pas parfait, mais c'est le mien.
Je le chéris, je l'accepte et l'apprécie tel qu'il est.
Et je prends conscience de ses beautés.

Attirer l'amour à soi

jour après jour...

J'apporte de la conscience dans mes choix

Lorsque je fais face à un choix difficile, je me pose une question simple : quel choix est le meilleur pour moi et me permet d'être fier·ère de moi ? Chacun de mes choix doit être guidé par ma conscience, et non par ma peur.

Attirer l'amour à soi

jour après jour...

Je suis la personne la plus importante de ma vie

Il est essentiel de se donner complètement dans une relation amoureuse afin que celle-ci s'épanouisse. Mais je ne dois pas pour autant m'oublier dans une histoire. Aujourd'hui, je décide de me donner autant que je donne. Je garde à l'esprit que je suis important·e et que je ne dois jamais me délaisser.

Attirer l'amour à soi

jour après jour...

Je garde le contact avec ma famille et mes ami·e·s

Il est facile d'oublier sa famille et ses ami·e·s dès que l'on se met en couple. Or, si un jour l'histoire s'arrête, nous n'avons plus personne autour de nous. Désormais, je décide de ne pas m'isoler, de ne délaisser personne pour une relation amoureuse.

Attirer l'amour à soi

jour après jour…

Je m'aime comme si j'étais mon·ma meilleur·e ami·e

Avec mes ami·e·s proches, je fais toujours preuve d'amour, de bienveillance et de respect. Je ne les juge jamais, et je leur trouve même toujours des circonstances atténuantes. Et si, à partir d'aujourd'hui, je me traitais comme mon·ma meilleur·e ami·e ?

Attirer l'amour à soi

jour après jour…

Je fixe des limites dès le début de mes relations

Dès le début d'une relation, il se crée un cadre informel dans lequel évoluera le couple. Si j'accepte certains comportements au début de la relation, je ne pourrai plus les changer plus tard. Pour cette raison, je fixe des limites dès le début, qui doivent inclure le respect, la confiance et la bienveillance.

Attirer l'amour à soi

jour après jour...

Je me mets en valeur sans me cacher derrière des artifices

Des vêtements bien choisis, une belle coupe de cheveux ou un maquillage bien fait, par exemple, sont utiles en matière de séduction. Mais ils doivent l'être uniquement pour me mettre en valeur. À aucun moment, je ne dois me cacher derrière ces artifices !

Attirer l'amour à soi

jour après jour…

J'apprends à aimer sans condition

Aimer quelqu'un, c'est aimer qui il est, et lui vouloir du bien. C'est aussi accepter ses choix, même s'ils sont contraires aux miens, même si ces choix m'éloignent de lui, même s'ils me privent de lui.

Attirer l'amour à soi

jour après jour…

Je distingue l'amour de la passion

La passion est attirante et envoûtante. Elle fait perdre la tête, nous rend vivant·e·s, mais elle nous fait aussi, parfois, prendre de mauvaises décisions. Pour cette raison, j'apporte de la réflexion au sein de mes émotions et je vis mon histoire en pleine conscience.

Attirer l'amour à soi

jour après jour...

Quoi qu'il se passe, tout ira bien

Quand mes pensées divaguent et mon humeur fléchit,
je me recentre. Je ferme les yeux, je respire doucement,
et je garde à l'esprit cette pensée unique :
quoi qu'il se passe, tout ira bien.

Attirer l'amour à soi

jour après jour…

J'accepte que les autres soient imparfaits

De la même manière que j'accepte mes imperfections, j'accepte également que les autres soient imparfaits. J'accepte pleinement le fait qu'ils aient leurs défauts, comme j'ai les miens. Et j'accepte également qu'ils puissent parfois me décevoir, agir différemment de mes attentes.

Attirer l'amour à soi

jour après jour…

J'accepte mes défauts comme mes qualités

Aucun être humain n'est parfait. Si un défaut me porte préjudice, je m'attache à le changer. J'accepte pleinement mes autres défauts, tout comme j'accepte mes qualités, avec amour et bienveillance, car ils font partie de moi.

Attirer l'amour à soi

jour après jour...

Aujourd'hui, je fais preuve de patience

Parfois, nous avons hâte d'être aimé·e·s et nous sommes impatient·e·s, mais cela nous amène à faire des erreurs et de mauvais choix de vie. Je lâche prise sur le résultat. Je prends plaisir à suivre chaque jour le chemin qui me mènera à l'amour.

Attirer
l'amour à soi
jour après jour...

Je cherche le positif dans le négatif

Dans toute situation négative, il y a toujours un aspect positif, quelque chose à apprendre et à retirer du moment que l'on vit. Aujourd'hui, je me pose et je cherche les aspects positifs de la situation.

Attirer l'amour à soi

jour après jour...

Après la pluie, le beau temps

De la même façon que les saisons s'enchaînent les unes après les autres, le beau temps suivra toujours la pluie, même si celle-ci semble ne pas s'arrêter. Alors, je suis patient·e et j'avance avec sérénité, car je sais que le beau temps reviendra.

Attirer l'amour à soi

jour après jour...

J'accepte de ne pas avoir le contrôle sur ce qui est extérieur à moi

J'ai le contrôle sur mes actions et mon comportement, mais pas sur les personnes et évènements extérieurs. Alors, j'accepte que quelque chose ne se passe exactement comme je le souhaite.

Attirer l'amour à soi

jour après jour...

Quelle histoire vais-je me raconter aujourd'hui ?

Notre cerveau ne fait pas la différence entre la réalité et l'imaginaire. Je peux me raconter l'histoire dans laquelle rien ne me réussit, ou bien je peux choisir celle où tout est possible. Laquelle vais-je privilégier aujourd'hui ?

Attirer l'amour à soi

jour après jour...

Je ne suis pas responsable du ressenti d'autrui

Mes paroles et mon comportement influencent les personnes qui m'entourent, mais chacun écoute et interprète les gestes et les mots à sa manière. Je ne suis pas responsable de l'interprétation personnelle d'autrui.

Attirer l'amour à soi

jour après jour...

J'apprends à exprimer clairement mes besoins dans mes relations

Ce qui est évident pour moi ne l'est pas forcément pour les autres. Personne ne peut deviner ce dont j'ai besoin si je ne l'exprime pas. Pour que mes besoins soient comblés, il convient de les exprimer. Avec simplicité et sans détour.

Attirer l'amour à soi

jour après jour...

Je privilégie les rencontres naturelles

Même s'il est attirant de consulter un catalogue de potentiel·le·s partenaires en ligne, je privilégie le hasard des rencontres naturelles dans un cadre amical et détendu. Ainsi, je décolle les yeux de mon écran, et je m'ouvre un peu plus à l'humain.

Attirer l'amour à soi

jour après jour...

Je fais régulièrement de nouvelles rencontres

Plus je fais de nouvelles rencontres, plus j'ai de chances de rencontrer la bonne personne pour moi. Je profite donc de chaque occasion pour développer mon cercle social.

Attirer l'amour à soi

jour après jour...

J'accepte les conséquences de mes choix

Aucun choix n'est bon ou mauvais.
Chacune de nos décisions apporte des conséquences positives et négatives dans notre vie. Je décide simplement d'être conscient·e de mes décisions, puis, j'accepte toutes les conséquences de mes choix.

Attirer
l'amour à soi
jour après jour...

Aujourd'hui, je provoque mon destin

Parfois, le destin a besoin d'un petit coup de pouce.
Et si je provoquais ma chance aujourd'hui ?
Par exemple, en allant parler à cette personne
qui m'intéresse depuis un moment.

Attirer l'amour à soi

jour après jour...

Je prends soin de mon apparence

L'apparence joue un rôle fondamental dans la première impression que l'on se fait de quelqu'un. Pour cette raison, et même si cela peut sembler superficiel, je prends soin de mon image. Cela démontre également que je prends soin de moi, que je ne me néglige pas.

Attirer l'amour à soi

jour après jour...

Je prends conscience de l'importance de mes erreurs

Je ne peux pas m'améliorer si je ne fais pas d'erreurs dans ma vie amoureuse. Alors, j'accepte et j'apprends, car ces erreurs me font grandir.

Attirer l'amour à soi

jour après jour...

Je décide de m'aimer

Je ne peux pas maîtriser l'amour que me portent les autres, qu'il s'agisse de son intensité ou de sa durée. En revanche, je peux décider de m'aimer, tous les jours, quoi qu'il arrive et de manière inconditionnelle.

Attirer l'amour à soi

jour après jour...

J'augmente mes chances de rencontrer la bonne personne

Quel est l'âge du type de partenaire que je recherche ? Dans quels lieux sort-il·elle ? Quelles sont ses activités et ses passions ? Quel sport pratique-t-il·elle ? Où part-il·elle en vacances ? En répondant à ces questions, j'identifie les endroits où je peux le trouver plus facilement.

Attirer
l'amour à soi
jour après jour…

Je me concentre sur le positif

J'ai parfois tendance à me focaliser sur ce qui ne va pas, sur ce que je n'ai pas. Aujourd'hui, je décide de prendre le chemin opposé. Je prends conscience de tout ce que j'ai eu dans le passé, et de tout ce que j'ai à présent. Je me focalise uniquement sur le positif dans ma vie.

Attirer l'amour à soi

jour après jour...

J'apprécie les petits plaisirs de la vie

On associe souvent le bonheur et les grands évènements de notre vie, alors que le bonheur réside dans les petits plaisirs quotidiens. Je prends conscience de ces moments simples qui me rendent heureux·se.

Attirer l'amour à soi

jour après jour…

Je réalise que tout est déjà présent en moi

Je peux passer ma vie à chercher l'amour uniquement chez autrui. Mais, pendant que je cherche mon bonheur chez l'autre, je ne vois pas que tout est déjà là, présent en moi.

Attirer l’amour à soi

jour après jour…

Je suis patient·e dans ma recherche de l'amour

Si je suis pressé·e de trouver le·a bon·ne partenaire, je ressens de la frustration lorsque cela prend du temps. Lorsque j'accepte que l'amour puisse prendre son temps, je vis avec sérénité chaque moment de ma vie. Je profite de chaque instant et je dégage alors une énergie positive qui attire à moi les bonnes relations.

Attirer l'amour à soi

jour après jour...

Aujourd'hui, je prends soin de moi

Lorsque je prends soin de moi, je me sens connecté·e à mon corps. J'affirme ainsi que je m'aime, que je suis important·e et que j'ai de la valeur. Alors, que puis-je faire aujourd'hui pour prendre soin de moi ?

Attirer l'amour à soi

jour après jour...

Je ne m'oublie pas dans mes relations

Je peux aimer quelqu'un et lui faire plaisir, mais je ne dois jamais m'oublier dans la relation. Car si je m'oublie, si je donne tout de moi, il ne me reste plus rien. Chaque jour, j'apprends à me donner autant d'amour et d'attention que je donne à autrui.

Attirer l'amour à soi

jour après jour...

J'accepte que mes choix ne soient pas parfaits

Nous sommes tous amenés à faire des choix importants dans notre vie. Chacun d'eux nous amène sur un chemin différent et nous ne pouvons pas savoir à l'avance lequel sera le bon. Je prends donc conscience qu'aucun choix n'est parfait. Et je choisis l'option qui me paraît la meilleure pour moi sur le long terme, même si ce n'est pas la plus facile.

Attirer
l'amour à soi
jour après jour...

Je profite de chaque rencontre comme un moment privilégié

Lorsque l'on se focalise sur la recherche de l'amour, on passe parfois à côté de belles rencontres, qui apportent des conversations intéressantes, joyeuses, positives et amicales... Je prends conscience que chaque rencontre est une opportunité d'apprendre, de me connecter à autrui et de vivre de beaux moments sans arrière-pensée.

Attirer
l'amour à soi
jour après jour...

Aujourd'hui, je décide d'être moi-même

Lorsque je joue un rôle pour plaire aux autres, je m'épuise. À l'inverse, lorsque je suis moi-même, je me sens libre. J'attire à moi les partenaires qui m'aiment réellement pour qui je suis.

Attirer
l'amour à soi
jour après jour...

Je me respecte pour me faire respecter

Je ne peux pas me faire respecter par mes partenaires si je ne me respecte pas moi-même. Pour me respecter, j'accepte seulement ce qui est bon pour mon estime personnelle.

Attirer
l'amour à soi
jour après jour...

Je ne reste jamais dans une situation sans issue

L'incertitude et le manque de contrôle créent du stress et de l'anxiété. Si je vis une situation qui me paraît sans issue, il me convient de prendre une décision pour en sortir. Cette décision me permet de reprendre le contrôle et de ne pas rester dans l'attente et la frustration.